EL ARTE
DE LA VIDA
CONTEMPORÁNEA

CUAIK

(Nothing but) Flowers

EL ARTE DE LA VIDA CONTEMPORÁNEA

CUAIK

RIZZOLI
NEW YORK
New York · Paris · London · Milan

KINFOLK
KINFOLK
nurture

CONTENIDO

WALL

PRESENTACIÓN

Alfonso López Baz

La vida está llena de sorpresas, y cuando están relacionadas con tu misma profesión, provocan una gran satisfacción. Hace muchos años, quizá quince, conocí a Santiago Cuaik, quien mostraba mucho interés por nuestro trabajo. Como fundador y ahora único socio de Grupo LBC, antes López Baz y Calleja, entendí hasta hace menos de un año que nos unía una variedad de fuertes conceptos que nos han acercado más cada día. Estos conceptos son el rigor en el detalle, la fuerza compositiva, la importancia de la iluminación y el ambiente cálido e informal de los diseños, que permiten al usuario gozar del confort buscado.

Graduado en la Facultad de Arquitectura de la Universidad Anáhuac y posteriormente estudiante de The Architecture Association of London, mejor conocida como London Art, Santiago perfecciona su trabajo y forma un taller de arquitectura en la Ciudad de México que llamó gratamente mi atención. Su descripción de lo que deben hacer los espacios de un restaurante para llegar a ser "toda una experiencia sensorial" forma parte del diseño. El tratamiento del espacio, su preocupación por la simetría, el ambiente, las cocinas abiertas, el *glamour*, la vegetación, la música, la iluminación, la vestimenta de los empleados, el "*table setting*" y, desde luego, el mobiliario y el arte que acompaña y rodea cada espacio, son primordiales en la consecución de dicha experiencia. Una serie de características seductoras y perfeccionadas por Santiago han hecho de sus trabajos de lo mejor que he visto en arquitectura de interiores.

Desde los inicios de su despacho, Santiago se enfocó en hacer proyectos de diseño interior de restaurantes y departamentos. Sin embargo, creo que su enfoque de diseño va más allá de solo diseño de interiores. Podríamos describir su aproximación e intervención arquitectónica como una especie de "curaduría" de espacios en donde el resultado, en esencia, son obras de arte espaciales en las que se combinan diseño, arquitectura, mobiliario, arte y muchos otros elementos que difícilmente pueden acotarse a "diseño interior" o "decoración" únicamente.

Al decir que su taller llamó mi atención, me refiero a que nunca había visto en un taller de arquitectura una serie de oficinas para diferentes usos. Un taller de diseño arquitectónico con especialistas en diferentes ramas, como lo es el de las casas habitación, la creación de departamentos y, muy especialmente, los restaurantes y los hoteles. Un espacio para el diseño y la selección de vajillas para cada restaurante, un taller de pintura para obras plásticas y obras gráficas, señalización, un taller de diseño de mobiliario - sillas, mesas, sofás, *booths* para restaurantes, biombos, cómodas, burós, etc. Una cafetería con todos los servicios y unos espacios pergolados para disfrutar la comida y la camaradería de los arquitectos que ahí laboran.

Santiago busca generar en su oficina lo mismo que logra en los proyectos que construye, en donde el habitar y vivir los espacios hacen que el ciclo del diseño se cierre, generando experiencias alrededor del arte, diseño y arquitectura, teniendo un impacto en la vida diaria de las personas.

La carga de trabajo es fuerte, pues en su taller se realizan alrededor de 40 obras simultáneas. Algunas, por situaciones del cliente, se detienen temporalmente, pero esa carga de trabajo no se puede llevar a cabo sin una voluntad férrea, una edad adecuada y muchísimo entusiasmo. Él lo tiene. Me comentó: "Después de tantos años de presión, se me ha formado una coraza contra el miedo a enfrentar todos estos paquetes al mismo tiempo." Sobre todo en el caso de los restaurantes, los tiempos son muy cortos, pues en algunos son 90 y en otros 180 días en los que se tiene que hacer un restaurante, desde su conceptualización hasta la entrega llave en mano del restaurante funcionando.

Gran parte del espléndido trabajo de su taller está en la Ciudad de México, pero también dentro de la República Mexicana está desarrollando proyectos de hoteles, bares y restaurantes, así como algunos trabajos en el área de Coronado, Los Ángeles, San Diego en California y algunos otros en Vail, Colorado. Cuenta con trabajos desarrollados en Houston y Miami y actualmente tiene una oficina activa en Madrid. Vale la pena, independientemente de que son restaurantes exitosos, visitar algunos de ellos como Sylvestre, Trastevere, Prosecco y Negroni, entre muchos más, donde se puede vivir esta experiencia única. ¡Y vaya que lo ha logrado! Con conocimiento, carácter, ambiente informal, buena música y, sobre todo, un perfeccionismo difícil de encontrar.

No me cabe duda de que el presente de Santiago es de gran éxito, y veo en él un futuro brillante que lo posiciona entre los mejores a nivel nacional e internacional. Su enfoque innovador trata los proyectos como mundos o sistemas que requieren aproximaciones desde varias disciplinas para su correcto funcionamiento y evolución en el tiempo.

Además de ser un pionero en la aproximación multidisciplinaria y la curaduría de espacios entre muros, Santiago expande sus horizontes aplicando su carácter multidisciplinario a proyectos de diversas escalas, desde hoteles, edificios de departamentos, hasta planes maestros.

FRAGMENTOS DE UNA CONVERSACIÓN

Jorge Méndez Blake

Este texto surge de una extensa conversación que comenzó en un restaurante de CDMX (el Trastevere, ilustrado en este libro), continuó durante el traslado entre el restaurante y la casa de Santiago Cuaik; donde tomaron café y Santiago hizo un recorrido por la casa para mostrar su colección de arte a Jorge Méndez Blake. La conversación se alargó una hora y media más durante el viaje desde la casa de SC al aeropuerto de CDMX.

Santiago Cuaik y Jorge Méndez Blake se acaban de conocer en persona. La cita fue facilitada por Ana Paula de Haro, directora de la galería OMR y representante de MB en México, la conversación fue grabada por Jimena Orvañanos, de la oficina de Cuaik. SC ha adquirido piezas de MB para su propia colección y para los proyectos de sus clientes. MB esta familiarizado con el trabajo de arquitectura e interiorismo de SC porque ha colaborado con él en algunos proyectos.

Esta es una conversación entre un artista que se formó como arquitecto, y un arquitecto que aborda aspectos de su práctica como un artista, creando espacios que van más allá de su aspecto funcional. En el trabajo de SC la relación entre diseño, arquitectura y arte es estrecha. Su práctica se sitúa justo en la frontera entre las tres disciplinas, en ese lugar en el que cada mesa de un restaurante, o cada esquina de un departamento, puede resultar una experiencia estética. Por otro lado, JMB se formó como arquitecto, y aunque en su trabajo lo primero que llama la atención es la relación con la literatura, la arquitectura se presenta en forma de bibliotecas, de ruinas meticulosamente dibujadas, de muros de ladrillo que se sostienen o se deforman con la presencia de un libro, y de otras formas sutiles, ya sea como dibujos, esculturas, o procesos.

A pesar de haberse seguido mutuamente a través de sus respectivos trabajos a lo largo de varios años, nunca habían mantenido una conversación así, cara a cara; con toda la complejidad que esta experiencia conlleva: divagar, contarse anécdotas, encontrar similitudes y diferencias, proponer colaboraciones futuras, recolectar experiencias y gentes en común, y manejar miradas, gestos, y silencios. Es decir, conocerse un poco mejor.

SC: Como artista, a veces necesitas muchas manos, o realizar cosas del otro lado del mundo, ¿qué tan eficiente mantienes tu nómina y tu equipo?
MB: Evidentemente, como oficina de arquitectos sería la peor del mundo, pero como oficina de artistas es de las más organizadas. Estoy justo en ese punto medio. Cuando gente que ya conoce otros estudios llega al mío, dicen que está todo organizado, aunque yo lo vea muy desordenado.
SC: ¿En dónde está tu estudio?
MB: En la zona industrial de Guadalajara. Mi lado de arquitecto se ve mucho. En pláticas con mis amigos me fijo mucho analizando la eficiencia de los despachos de arquitectos, o de otras empresas. Trato de ver cómo hacerle para aplicarlo en mi estudio. Aunque se supone que el arte no debe tener tiempo, no debe haber presión, ni el látigo del dinero y la economía, sí creo que debes afinar y entender tus procesos —por ejemplo, cuánto tiempo lleva hacer las cosas; en ese sentido sí soy bastante ordenado, pero insisto en que podría mejorar.
SC: Yo tengo dos cuadros tuyos que son muy contrastantes. Tengo el Bibliomanía de Flaubert y tengo uno de Ruinas, completamente diferentes. ¿Cuánto tiempo te toma hacer una 'Ruina'?
MB: Como unos seis meses aproximadamente. Las pinturas son más rápidas en cuanto a producción, me tardo más o menos mes y medio, porque ya sé el método. Y ahí es donde debo tener equipo preciso para cada tipo de obra.
SC: ¿Y por qué el tema de la arquitectura griega?
MB: Es difícil explicar por qué algo te atrae, pero hace muchos años me llamó la atención el tema de las bibliotecas, tal vez porque es una combinación entre arquitectura y literatura, porque son espacios diseñados para albergar libros, para protegerlos. Y los

anfiteatros fueron el siguiente paso en mi investigación. Son también arquitectura pura y tienen que ver con su contexto. Son testigos de todo lo que sucedió en ese lugar. Empecé poco a poco, a tientas, probando diferentes acercamientos, hasta que decidí que el *output* debía ser el dibujo.

SC: El proyecto al que te quiero invitar es en el edificio del Pantalón. Nos están invitando a remodelar el *lobby*, que es muy espacioso y está cubierto de mármol blanco. Primero pensé, "hagamos una fuente o colguemos una obra de arte monumental", pero después se me ocurrió que podíamos hacer una colaboración contigo para meter algo que rompa y que genere un contraste. Conceptualmente, a mí me fascina la pared de tabiques con el libro abajo. Y creo que puede ir muy de la mano en un edificio de oficias como el Pantalón. El proyecto del edificio es de Teodoro González de León, y para mí es importante que no pierda su esencia, pero hay que adaptar el espacio a las necesidades actuales. ¿Te interesa que te platiquemos más del proyecto?

MB: Sí, claro, me interesan mucho las colaboraciones entre artistas y arquitectos. Yo no conozco por dentro el edificio, pero es muy icónico, ¿no? Hay varios muy icónicos, entre el 'Pantalón', la 'Lavadora'...

SC: Si, y el Dorito y la Licuadora... Aquí somos muy buenos para los apodos.

MB: Me parece muy interesante cómo intervienes o cómo algo más contemporáneo afecta estos edificios modernistas. Creo que es dar una nueva lectura a las cosas.

SC: ¿Y el muro dónde lo tienes?

MB: He hecho tres. Hay dos en colecciones y uno disponible. Pero con esa idea de los ladrillos he hecho otras cosas. Son esculturas que se ven sólidas, pero son muy frágiles. Es muy interesante usar el ladrillo en otro sentido. Si empujas ese muro, se cae entero.

*

SC: Oye, hay muy buenos arquitectos nuevos en Guadalajara. Siento que tienen un estilo muy compartido y parecido entre ellos. Yo me considero una generación más joven, pero tengo un acercamiento muy diferente, no tan artístico, más enfocado a los negocios, una arquitectura no tan purista o artística, en donde hay un presupuesto, un programa con tiempos, un contrato con multas.

MB: Pero también en la arquitectura purista hay tiempos y presupuesto y demás ¿no?

SC: Pero es que es diferente. En la arquitectura "de nombre", los edificios comparten un mismo estilo, ya sea que se construya en Abu Dabi o en CDMX, un estilo que de alguna manera refleja una manera propia de hacer las cosas...

MB: De acuerdo, es una cuestión de estilo. Y también eso es lo que compra el cliente, el estilo del arquitecto. Sin embargo, hay otra dirección, en la que no se trata tanto de una estética determinada, y lo que te caracteriza es, digamos, lo que va atrás: la eficacia de los procesos. Creo que también es un estilo, pero no tan protagonista, es una arquitectura no tan ególatra, aunque todos tenemos nuestro ego, ¿no?

SC: A mí me pasa que a veces pienso, "qué delicia ser artista". Me fascina ser arquitecto, pero hay demasiados factores que pueden jugar en contra de tu visión, y por eso hay mucha frustración en la arquitectura, porque están los vecinos, el presupuesto, el constructor, los permisos, el cliente, el programa de obra, y esos factores se pueden convertir en obstáculos, en batallas que resolver. Sin embargo, el artista puede decir, "A ver, este soy yo, este es mi arte, y este es mi producto, tómalo o déjalo".

MB: Sí, como artista controlas todo. Como es una escala más pequeña, se reduce el riesgo. En la arquitectura hay tanta gente involucrada que es muy difícil comandar el barco.

SC: ¿Tú crees que la diferencia entre arte y arquitectura es cuestión de escala?

MB: Sí, de alguna manera. Hay sutilezas, claro, porque por ejemplo el pabellón ya es arquitectura, justamente por la escala que tiene, pero normalmente el artista hace cosas para poner en la arquitectura.

*

MB: Para un artista, hacer un libro no se trata de invertir en algo que tenga rendimientos. No creo ni siquiera que se trate de algo tangible o que se pueda medir en términos financieros como cualquier otro negocio. Es un documento que le da permanencia a algo efímero. Eso es importante en el arte, porque con la arquitectura al final cualquier domingo puedes ir a visitar un edificio construido, pero una exposición dura como mucho tres meses, y después solo queda el documento. Además, en los catálogos se meten fotos, ideas y textos adicionales que no están en la exhibición. Lo que la gente quiere son historias, de dónde viene esto, esta pieza en dónde está. En una exposición hay muchas cosas que quedan fuera. Entonces el libro te ofrece un contexto a algo que viste, y se convierte en un material casi didáctico que permanece. Los libros ahí se quedan, están desde hace mil años.

SC: ¿Y cómo es tu relación con tus galerías? ¿Cuál crees que es el papel de los galeristas en el mundo del arte actual?

MB: Es buena, pero es complicado trabajar con varias galerías al mismo tiempo. Siempre andamos buscando el bien común. Como artista a veces te sientes como entre los papás divorciados. Soy muy cuidadoso. Ana Paula de OMR por ejemplo, es maravillosa. Pero más allá de que sea buenísima para vender y para promocionar, no ha perdido la calidez humana y el gusto por lo que hace. Realmente cree en las obras y en los artistas y eso es muy importante. Yo creo que se nota cuando hay un cariño por lo que vendes y por el cliente. Sobre todo, ahora con Artsy y ese tipo de plataformas, ¿cuál es el papel de un galerista? Esa es la gran pregunta. He hablado con financieros que me preguntan "¿para qué quieres un galerista? Si tú puedes vender directo por internet, ya no se necesitan intermediarios". Los que dicen que los galeristas están destinados a desaparecer es porque no entienden el verdadero papel del galerista.

*

MB: Ahora que hablábamos de la nueva arquitectura y las nuevas generaciones, a mí me pasa que veo los proyectos de los espacios, y pienso "no, pues aquí ¿dónde pones el arte?" Es como si la arquitectura fuera autónoma y funcionara por sí misma. Es decir, ya es como una obra de arte en sí misma, y pareciera ser que, si le pones cualquier cosa colgada ahí, la estropeas. Son pocos los arquitectos de estas generaciones que sí están realmente metidos en el arte contemporáneo. Yo creo que no lo entienden muy bien, o no lo integran en sus proyectos.
SC: Cuando mi padre diseñó el restaurante Hunan, que tiene 31 años, quería que cada mesa tuviera un punto focal. Por ejemplo, en esta mesa, es el jardín. Esa otra mesa, tienes el José Dávila ahí. La otra está al lado de la chimenea. Esta da al bar, a la cava. Entonces, cada usuario de cada mesa se siente el dueño del lugar. Nosotros trabajamos mucho con el tema de los puntos focales, y con la simetría. Demasiado. En la oficina ya hasta me hacen bromas. Pero te equilibra. En el mundo de la hospitalidad es difícil trabajar con la simetría porque suele haber muchos obstáculos. Pero te ayuda, o bueno… A mí me facilita mucho diseñar con la simetría. Agarras ejes. Que el eje sea un cuadro, una escultura. Nosotros pensamos un poco como fotógrafos o como cineastas, preguntándonos qué va a pasar en cada esquina, en cada lugar.
MB: Otra cosa interesante del arte es que, aunque sea un rectángulo, es asimétrico. Tiene movimiento. Tiene ciertas expresiones.
SC: El primer cuadro que compré fue este, de Jonathan Hernández. Es una historia divertida. Yo apenas estudiaba arquitectura y no tenía presupuesto para estar comprando arte. Mi única posesión era mi *laptop* para la carrera y ya. Un día, en 2009, mi madre me pidió que fuera a una subasta y de todos los cuadros que estaban a la venta, este me gustó, pero yo no sabía nada de arte en ese momento, no sabía qué era la Kurimanzutto, ni quién era Jonathan Hernández, nada. De pronto hice una oferta pensando que siendo una subasta no me lo iba a sacar porque seguro alguien iba a ofrecer más. Y de repente me marcan las organizadoras de la subasta y me dicen, "Felicidades, te ganaste el precio". Le conté a mi padre, que se enojó, claro. Tuve que vender mi laptop para pagarlo y ya me lo quedé.
MB: Yo no venía de una familia de artistas. Y cuando tuve que escoger carrera, era impensable ser artista, ¿sabes? Económicamente hablando, no había mercado en Guadalajara, nadie vendía obras. Hoy en día sí es una opción para alguien joven hacer una vida como artista; en mi época no existía eso. Y como me gustaba el arte, dibujar y esas cosas, lo más parecido era estudiar arquitectura. Pero desde que empecé me di cuenta de que me interesaba más la historia y la teoría de la arquitectura, la parte más humanista y mucho menos la parte técnica. Por otro lado, tuvimos buenos maestros y empezamos a hacer "ondas". Así es como le decíamos: "hay que hacer ondas". Luego, como pasatiempo de los fines de semana, hacíamos "ondas"… Rentábamos entre varios amigos un departamento en Guadalajara por la Glorieta Minerva, era una oficina de arquitectura muy improvisada, y ahí empezamos a hacer exposiciones entre nosotros y otros amigos de nuestra edad, como José Dávila. Hicimos alrededor de nueve exposiciones en un año, y cada mes vaciábamos todo y quedaba un espacio pequeño de exposición y ahí cada uno hacía lo que quisiera —no había presupuesto. Cuando empezamos con eso yo dije, "Esto es lo que yo quiero hacer toda mi vida".
SC: Sería interesante ver esas exposiciones. ¿Las tienen bien documentadas?
MB: No, cero. Debe haber fotos impresas en quién sabe qué caja, seguro hay cosas muy divertidas.
SC: Sí, el tema del archivo es interesante. Yo me acuerdo de que en la escuela nos decían "documenten sus entregas, tómenle foto a la maqueta". Obvio al final del semestre yo no quería saber nada del proyecto; pero creo que es importante la documentación del proceso. El otro día me encontré una libreta de bosquejos de una asignatura en la que te enseñan a dibujar a mano alzada y entender el punto de fuga, y pensé, "no tenía ni idea de cómo dibujar". Dibujaba con la mano dura. Es interesante ver cómo vas evolucionando.
MB: También es interesante este paso de lo análogo a lo digital que nos tocó a nosotros. Cuando yo estaba en la escuela de arquitectura no había AutoCAD, todo era a mano, los dibujos, planos y las maquetas.
SC: Y ¿hoy en día no estás regresando un poco a eso?
MB: ¿A lo análogo? Totalmente. Yo creo que un croquis a mano vale mucho más que el *rendering*. La tecnología ha llegado a un nivel en el que se logra un hiperrealismo casi incomprensible. Para mí, una raya a mano, aunque esté muy mal dibujada, como dices tú, pero con todo lo real de una mano, vale mil veces más.
SC: Cien por ciento de acuerdo. En la oficina, nosotros procuramos animar a las nuevas generaciones a dibujar a mano, porque

vienen sin saber, no tienen esa habilidad, porque todo lo aprendieron a hacer en digital. Yo por mucho tiempo no tuve computadoras. Ahora acabo de retomar la computadora...
MB: Con esto de la inteligencia artificial, lo análogo va a ser cada vez más valioso. Ahora cualquiera puede poner en la mesa cualquier cantidad de imágenes, pero el toque personal que tú le puedes dar, cómo vas a unir las ideas, dibujando y acompañando tu discurso en tiempo real, eso no tiene precio, y no te lo va a hacer ninguna inteligencia artificial.
SC: Pues sí, pero la verdad me preocupa, y obviamente, como empresa creativa, estamos preocupados todo el tiempo de la competencia, de los jóvenes que nos vienen pisando los talones. Eso te mantiene despierto en la noche y te levantas temprano a trabajar en cómo atraer a los jóvenes con más talento. El mundo de la arquitectura no es la manera más eficiente de ganar dinero; entonces no estás en esta carrera por el dinero, estás más por la pasión, por la vocación, y por ese deseo de querer cambiar el mundo. La pregunta más complicada es cómo atraer a esos jóvenes arquitectos a nuestro despacho. Y a ti, ¿qué es lo que te puede llegar a quitar el sueño, o a presionar? ¿Hacer una colección nueva, o prepararte para una exposición…?
MB: Las dos cosas. Primero la presión del medio. Cada día hay más artistas jóvenes buenísimos, de la mitad de edad, trabajando con grandes galerías.
SC: Bueno, esa presión siempre va a existir en cualquier profesión, siendo carpintero o siendo lo que sea. A mí eso también me preocupa mucho. Y tú ¿cómo te mantienes al día?
MB: Viendo arte todo el tiempo, con ojos de profesional. También ayuda conversar con generaciones más jóvenes, ver cuáles son las diferencias y por qué les gustan a ellos cosas tan diferentes, entender cuál es tu lugar en el medio. También una de las cosas que me mantiene al día y con la necesidad de no parar, es el galerista que te está presionando literalmente: "tengo estos dos clientes que están esperando dibujos, tengo estos dos que quieren pinturas, tenemos estas tres ferias, ya presentamos un dibujo, ahora queremos poner escultura, proponme algo nuevo". Entonces este ajetreo, que algunas veces puede resultar incómodo, es lo que te mantiene activo.
¿En tu despacho hay alguien que se dedica exclusivamente a estar viendo arte?
SC: Nosotros contratamos a una artista, Sam, para que nos diera clases de dibujo. Yo quiero que mis arquitectos sean buenos dibujando. A ver, un poco de contexto: mi madre es diseñadora de interiores y pinta. En mi casa siempre hubo arte, de Navidad me regalaban óleos y acuarelas. A mi equipo siempre les digo, "necesito que aprendan a dibujar un ojo, una mano, porque eso les va a suavizar la muñeca".

Sam entró en el 2019, ella y su equipo nos ayudan. Por ejemplo, ahora estamos haciendo un bar en el que el concepto gira en torno a unas cartas bélicas. Es un *speakeasy* dentro de un hotel en el que, estando en frente de un librero, jalas un libro y se prende una luz y pasas por un pasillo donde las paredes están cubiertas con cartas bélicas que cambiaron la historia. Para esto, nosotros contratamos una artista de caligrafía e hicimos las cartas, desde Napoleón hasta la fecha, las enmarcamos, y se volvieron parte de la arquitectura. No se puede considerar arte como tal, pero no te puedo encargar a ti que me hagas unas muestras facsímiles de cartas. Por eso, en la oficina tenemos artistas que nos ayudan a aterrizar ideas con maquetas, representaciones gráficas, etc. Es un equipo de tres personas. Así como antes había maquetistas en las oficinas de arquitectura, nosotros llegamos con aproximaciones diferentes.
MB: Sí, ahí ya te metiste en la misma línea de producción de un artista.
SC: Pues sí, pero yo no puedo ir al OMR o a la Kurimanzutto y decirle, "oye, a ver, estoy haciendo un restaurante japonés, necesito unos bambús, ¿quién de tus artistas me los puede hacer?" Me mandan a volar, o me cobran 100 mil dólares por cada bambú, ¿me explico?

"BEGIN ANYWHERE"
JOHN CAGE

Jose Dávila — Daylight Found Me with No Answer

PROYECTOS
2015–2025

PROSECCO SANTA FE

CIUDAD DE MÉXICO
2015

Con Prosecco Santa Fe se inaugura la colaboración entre Cuaik | CDS y Grupo Hunan, marcando el primer restaurante diseñado y construido por Cuaik | CDS. Este proyecto establece las bases para los futuros restaurantes del grupo diseñados por Santiago. El proyecto consta de dos espacios principales: el área del comedor principal y la terraza. La cocina abierta y el horno expuesto son elementos icónicos que representan la auténtica cocina italiana. Además, los ingredientes en exhibición integran a los comensales en la experiencia gastronómica. Prosecco, con su estilo clásico y lleno de detalles, es una verdadera obra de arte en cada rincón. Desde el plafón, el friso con cornisas y capiteles decorativos, hasta los pisos de madera en el salón principal y los *tiles* de pasta en la terraza, cada elemento está cuidadosamente seleccionado para crear una atmósfera única. La vegetación y la iluminación juegan un papel crucial en el diseño de espacios interiores, proporcionando distintos ambientes dentro de un mismo espacio.

PRESTON
PUTMAN

FRENCH STYLE
NARDI
LIFE AS A VISITOR
LIFE of STYLE VINCE CAMUTO
MODERN VIEWS
Birds
PIONEERS OF THE POSSIBLE
TO INDIA WITH LOVE
Diego Rivera

VISTA

CIUDAD DE MÉXICO
2018

Vista es un proyecto residencial en Lomas de Vista Hermosa, Ciudad de México, que destaca por su diseño sobrio y moderno. Se eligió una paleta de colores suaves y materiales que se complementan en armonía, creando un ambiente acogedor y elegante.

El arte es un elemento clave, con obras de artistas destacados como Jose Dávila, Manuel Mérida y Hugo Lugo, que aportan color y vitalidad a los espacios. La pieza de Otto Zitko se integra con los muebles, y una obra de Manuel Mérida adorna el muro de mármol de la sala de TV, añadiendo un toque de sofisticación.

La luz natural es protagonista gracias a los ventanales que van de piso a techo en la sala principal, generando un ambiente diáfano y cálido que conecta el interior con el paisaje de las cañadas de Vista Hermosa.

El diseño de los pasillos también es notable, con una duela de madera que recorre el pasillo principal, acompañado de iluminación indirecta en los muros. Al final del pasillo, una obra de Hugo Lugo agrega color y textura, completando la narrativa visual. El mobiliario de Minotti y Restoration Hardware ha sido seleccionado para mantener una composición uniforme y coherente con la paleta de colores, transmitiendo elegancia y modernidad. Vista es una sinfonía de arte y diseño que ofrece un entorno acogedor y vanguardista, donde la elegancia y el estilo se manifiestan en cada detalle, creando una experiencia estética y funcional.

HELMUT NEWTON
TASCHEN
HARRY
Javier Marín
Javier Marín
PRADASPHERE

NSTON
HARRY WINSTON
THE KENNEDYS
FRANCIS GIACOBETTI

283. A reflex path functions like an automatic door-opener. In resp ure stimu-
lus (1) on the bell button outside the body, the bell of a sensory cell (in the spinal
cord. The motor cell acting as a doorman answers the ring with an act curren
duces a response.

HELMUT NEWTON

Jose Dávila

HUNAN ARTZ

CIUDAD DE MÉXICO
2019

Hunan Artz es un restaurante de alta cocina china que reinterpreta los elementos clásicos de Hunan Reforma y Hunan San Ángel, adaptándolos a un contexto contemporáneo sin perder su esencia. El diseño de los espacios se centra en una paleta de materiales y colores cuidadosamente seleccionados para mantener la identidad de Hunan, transmitiendo calidez en cada atmósfera.

El arte es un componente central, con dos obras de Rivelino en el salón principal y piezas doradas de Aldo Chaparro junto a la barra interior, creando puntos focales sofisticados. La ubicación de cada mesa fue estratégicamente planificada, permitiendo una iluminación específica que resalta los platillos y elementos decorativos frente a cada comensal.

La barra interior es enmarcada por un gran librero que funciona como cava de vinos, destacando dos escaleras helicoidales y lámparas de aros de latón que acentúan la simetría del espacio.

El mobiliario fue diseñado especialmente para el restaurante, utilizando materiales coherentes con el diseño general, y detalles distintivos como jaladeras de cobre en el respaldo y elegantes telas y pieles para la tapicería.

La terraza comparte la coherencia de diseño del salón interior, pero utiliza materiales diferentes como mármol en el piso y un plafón de madera y yute. Las plantas y las lámparas suspendidas ayudan a reducir la altura del espacio, haciéndolo más acogedor y personal.

Hunan Artz ofrece una experiencia culinaria y visual única, fusionando tradición y modernidad en un ambiente refinado y cálido que respeta el legado de los restaurantes Hunan.

NEGRONI ARTZ

CIUDAD DE MÉXICO
2019

Negroni Artz evoca la esencia de la costa italiana con su estilo clásico y ecléctico, utilizando una paleta de colores neutros. El espacio culinario se distribuye en dos bóvedas espejeadas, creando una sensación de amplitud y altura que facilita un recorrido fluido y abierto.

El amplio salón principal cuenta con una cocina abierta que permite una interacción dinámica con los comensales. Un librero al fondo del salón sirve como remate visual y aporta profundidad al espacio. La obra de arte de Hugo Lugo en la terraza, contrasta vibrante y armoniosamente con los materiales seleccionados, fusionando elementos modernos y clásicos en una sofisticada combinación.

La terraza, diseñada en consonancia con el salón principal, presenta enredaderas de planta bignonia que forman arcos verdes desde el muro hasta el techo, integrando la naturaleza en el interior. Lámparas colgantes de estilo clásico proporcionan una luz tenue y relajante, que se esparce suavemente por el espacio, creando una atmósfera acogedora y tranquila.

Al fondo de la terraza, una barra circular de mármol de Carrara se erige como punto focal, con iluminación tenue por debajo que añade calidez al ambiente. A ambos lados de la barra principal, dos libreros que funcionan como barras adicionales crean una simetría elegante y cohesiva.

Negroni Artz ofrece una experiencia culinaria única, donde cada detalle ha sido cuidadosamente diseñado para transportar a los comensales a un rincón de la costa italiana, combinando elementos naturales y artísticos en un entorno sofisticado y acogedor en el corazón de la ciudad.

PENT GARDEN

CIUDAD DE MÉXICO
2019

Este proyecto está situado en la planta baja de una torre de departamentos en Bosques de Santa Fe, uno de los complejos residenciales más exclusivos de la Ciudad de México. La pieza central del proyecto es la escalera escultural. El vestíbulo de la entrada está adornado con duelas de madera que enfatizan la perspectiva y enmarcan la escalera, la cual está elegantemente revestida con chapas de latón, transformándola en un objeto artístico de gran tamaño.

Pasando a la sala-comedor, el amplio espacio se acentúa a través del uso continuo de duelas de madera, creando así un ambiente armonioso y luminoso. Esta área, que constituye el corazón del espacio público, está amueblada con piezas de alta gama y adornada con obras de arte contemporáneo de artistas de renombre como Rivelino, Rubén Rodrigo y Troika.

El baño de visitas destaca como el punto más relevante del proyecto: tres lavabos cilíndricos hechos de mármol exótico se presentan en distintos tamaños y texturas, complementados por una cúpula iluminada que realza la sensación de lujo de este espacio. La combinación de estos materiales y elementos de diseño únicos transforma el baño en un punto focal artístico.

Este proyecto reúne nuestra filosofía y nuestra meticulosa metodología en el diseño de interiores. Nuestro objetivo fue crear espacios únicos y sorprendentes, manteniendo al mismo tiempo un enfoque de diseño cohesivo y global. Mediante la integración perfecta de arquitectura, mobiliario y arte, creamos espacios que son a la vez peculiares y armoniosos. Cada elemento fue cuidadosamente seleccionado y colocado para combinar y unificar los espacios, reflejando nuestra dedicación a un diseño excepcional.

bauhaus

SYLVESTRE ARTZ

CIUDAD DE MÉXICO
2019

Sylvestre Artz combina la excelencia de los cortes argentinos con la tradición de la comida mexicana. Inspirado en Sylvestre Santa Fe, el diseño se transforma hacia un estilo clásico y casual con una paleta de colores neutros y cálidos, creando una atmósfera acogedora y elegante.

Sylvestre Artz integra áreas verdes en su interior, destacándose una jardinera en el salón principal y seis olivos estratégicamente ubicados. Estos elementos no solo embellecen el espacio, sino que también influyen en la disposición de las mesas y la circulación, logrando una composición espacial armoniosa y orgánica.

Los techos, inspirados en los vagones de tren, aportan un toque clásico y moderno. Al fondo del salón principal, dos libreros flanquean una chimenea de mármol de estilo arabesco, creando un punto focal que añade armonía y profundidad al espacio, dirigiendo la mirada hacia el vestíbulo.

La selección de materiales es sobria y neutra, con acentos clásicos. La madera de roble natural en el piso y el nogal en el mobiliario contribuyen a una atmósfera suave y acogedora. Las mesas, cuidadosamente dispuestas bajo las bóvedas del techo, ofrecen un juego de alturas y simetría que refuerza la sensación orgánica y fluida del espacio.

Sylvestre Artz es un lugar donde el diseño y la naturaleza se unen para ofrecer una experiencia gastronómica única, elegante y enraizada en la tradición.

MAP
ARQUITECTURA MODERNA DE LA
The Art Museum
2000 GUITARS
CARTIER
WILD LAND

LE CORBUSIER
TOM FORD
WOW
MÉXICO

EL ABC
DE LA
FOTO
BEYOND KLIMT
THE CLASSIC CARS BOOK
ARTE
¡VÁMONOS!
Mexico

CHRISTO
PHER MAK
OS EVERY
THING BL
ACK AND
WHITE MO
NOGRAPH
STEVE McCURRY
ADOBE HOUSES
NEW YORK
FLORENCE
TOM FORD
William Blake
INTERIORS NOW!
BVLGARI

TRASTEVERE

CIUDAD DE MÉXICO
2019

Trastevere es un restaurante italiano ubicado en Lomas de Chapultepec, un exclusivo barrio al oeste de Ciudad de México. Esta zona se caracteriza por sus edificios de baja densidad con espacios comerciales a nivel de la calle, la cual emana una energía vivaz.

El proyecto se centra en el diseño de un espacio que evoca el mar Mediterráneo al tiempo que le infunde un toque contemporáneo. Los tonos neutros insinúan la relajante esencia de la vida costera, con paredes adornadas con motivos clásicos que sugieren elegancia y sofisticación. Las texturas naturales aportan calidez al espacio.

El restaurante cuenta con una terraza exterior que se integra sin interrupciones con la sala interior, aunque los espacios se diferencian por el piso de piedra del exterior y la alfombra del interior. El mobiliario refleja la elegancia de la sala con un toque de encanto rústico, desvaneciendo los límites entre los espacios interiores y exteriores.

Los altos estantes para botellas de vino resaltan la neutralidad del interior, al tiempo que ofrecen un abrazo de bienvenida. La pieza central del comedor es un cuadro contemporáneo, que capta la atención a través de sus acentos de color contrastando con la serena paleta de colores.

El exterior está rodeado de una sutil barrera hecha de plantas que protege la terraza de la banqueta, ofreciendo privacidad sin separarla por completo. La terraza captura la esencia de una plaza mediterránea, regalando una experiencia al aire libre para disfrutar de comer o cenar bajo el cielo abierto.

El concepto de cocina abierta invita a los comensales a participar en el proceso culinario, permitiéndoles relacionarse con el espacio a través de los múltiples aromas de los ingredientes. En la terraza, hemos utilizado tapetes y sombrillas de sol para suavizar el ambiente externo, creando así una atmósfera más acogedora para los clientes. El restaurante representa un remanso de tranquilidad donde convergen la modernidad y el encanto mediterráneo.

ANDO
JUERGEN TELLER HANDBAGS
History of Information Graphics
HANDBAGS

BRICK
BUILDINGS
bauhaus
HOMES
FOR
OUR TIME

NESPRESSO
MOM

BRICK
BUILDINGS
JUERGEN
TELLER
HANDBAGS
ROLEX

SYLVESTRE INTERLOMAS

ESTADO DE MÉXICO
2019

Sylvestre Interlomas presenta una de las soluciones interiores más interesantes gracias a la planta radial del local comercial. Este proyecto arquitectónico se aborda como un espacio entre muros, donde la distribución del restaurante fluye del centro hacia afuera. El salón principal, ubicado en el centro del "patio" redondo, está rodeado de columnas que sostienen grandes trabes de madera expuestas. En el corazón del salón, un majestuoso árbol dentro de una jardinera define el eje central del espacio y del restaurante. Desde este punto, las mesas se disponen radialmente, creando una armonía visual y funcional. Las columnas, que circundan el salón redondo, lo separan de un pasillo perimetral que evoca un pórtico externo al "patio central". El pasillo, revestido de mármol, conecta el salón central con el bar y la terraza. En la terraza, se repite el mismo principio de diseño con trabes de madera, creando una cohesión estética. A los extremos de la terraza, como en muchos restaurantes de Grupo Hunan, se encuentra una barra de servicio y una gran chimenea adornada con un mural de K de Kilo. Los principios de orden y simetría también se reflejan en el bar del restaurante, donde una chimenea con una obra de K de Kilo sirve como punto focal frente a una barra redonda. La icónica silla Sylvestre, que lleva el nombre del restaurante, se destaca como una pieza característica, inspirada en un diseño ecuestre.

Sylvestre Interlomas es un ejemplo de cómo la arquitectura y el diseño pueden conjugarse para crear espacios únicos que invitan a una experiencia sensorial completa, donde cada detalle está cuidadosamente pensado para reflejar una estética armoniosa y funcional.

Leonardo da Vinci
Vermeer
Blake
COLLAB
RIVELINO
SWAROVSKI CRYSTAL PALACE
ARTE

SERRANO

MADRID, ESPAÑA
2021

Serrano representa un parteaguas en la historia de Cuaik | CDS por ser el primer proyecto diseñado y construido en España. Se trata del interior de un departamento ubicado en la calle de Serrano, en el barrio de Salamanca. Superficies de laca al alto brillo y madera de roble natural contrastan en armonía, mientras los detalles en latón envejecido añaden sofisticación atemporal. El arte juega un papel fundamental, con una colección del cliente que incluye obras de Andy Warhol, Jean-Michel Basquiat y Otto Zitko, integrándose perfectamente con el diseño de cada espacio, creando ambientes únicos. El piano azul en la sala se erige como punto focal, añadiendo sorpresa y elegancia. Las *armchairs* de la sala, de Poltrona Frau, infunden un toque europeo, elevando confort y estilo. La iluminación especialmente artística, con focos Iguzzini, baña los muros, permitiendo cambiar las obras con la iluminación adecuada.

El proyecto incluye marcas italianas de renombre como Flexform, Minotti, Cassina y Poltrona Frau, asegurando que cada pieza de mobiliario sea una obra de arte. La terraza, con vistas a la icónica Puerta de Alcalá, ofrece un refugio sereno y elegante en el corazón de la ciudad, fusionando diseño y entorno. Las mesas del comedor, icónicas de Frank Lloyd Wright, dictan la elección del mobiliario circundante, asegurando coherencia estética y funcional. Cada detalle ha sido seleccionado con un ojo crítico y un profundo entendimiento del diseño, resultando en un espacio visualmente impresionante y perfectamente habitable.

MAXIMALISM
OTTOMAN CHIC
RAJASTHAN
PLENSA
WATCHES
OCULUS
VALENTINO
Peter Lindbergh
TOM FORD
ORIGEN MEXICO

FRANK

SOTOGRANDE

ANDALUCÍA, ESPAÑA
2021

Sotogrande es un desarrollo residencial en el sur de España. Concebido originalmente como una colonia privada, está situada en San Roque, un pequeño municipio a veinticinco kilómetros al este de Gibraltar y con vistas al mar Mediterráneo, en Cádiz, Andalucía.

El propósito del trabajo incluía una remodelación completa y una intervención de interiorismo en una quinta española construida a finales de los años setenta, con el objetivo de preservar su espíritu moderno. Cuando visitamos por primera vez el edificio existente, nos encontramos con una casa moderna totalmente blanca. Se hicieron pequeñas modificaciones a la parte estructural de esta propiedad. En la estructura principal, añadimos un gimnasio y dos cabinas para masajes.

La selección de las piezas de arte se llevó a cabo mediante una colaboración entre el equipo de diseño, el cliente y un consultor experto en arte. Seleccionamos muchos accesorios hechos con materiales locales, como plantas en macetas de barro y muebles realizados con madera reciclada.

En general, Sotogrande es un lugar donde convergen la elegancia y la creatividad, ofreciendo un viaje sensorial en el que arte y diseño se encuentran: cada detalle, cada matiz resuenan con el espíritu del arte, transformando el ambiente en una exposición artística. Cuidadosamente seleccionado y meticulosamente colocado, cada elemento evoca emociones y estimula la inspiración, un verdadero testimonio del poder del diseño como expresión artística.

THE BEST OF nest
MADRID
TRAVEL BY DESIGN
Art & Place
Symphony for a Beloved Sun Anish Kapoor
Art =
Ezra Stoll

Interview
Art =
Art & Place
THE NEW YORKER
THE NEW YORKER
ATHENS
MIAMI BEACH
PALM BEACH

BUY
THE
RUMOR

ISSUES
MIES
RUINS

HOMES FOR OUR TIME
LIFE MEETS ART
MARIO TESTINO
NUDE
CASE STUDY HOUSES
NEUTRA
AMAZONIA SALGADO
F.L. WRIGHT
THE HIGH LINE
DANIEL OST
CHEMA MADOZ
CHEMA CONESA
DAVID LYNCH
CORNELIA PARKER
SHAPING CITIES

CAPULINES

CIUDAD DE MÉXICO
2022

La residencia Capulines está situada en Bosques de las Lomas, un barrio residencial al oeste de Ciudad de México caracterizado por su topografía accidentada. El proyecto arquitectónico consta de dos casas en tres niveles, cada una con su propia entrada. El acceso a Capulines PG es por la planta alta a nivel de la calle. En la planta de ingreso propusimos un salón de usos múltiples y un gimnasio, los cuales están rodeados de ventanas con vista a las barrancas de Bosques de las Lomas. Estas estancias tienen acceso independiente al resto de la casa. La entrada principal consiste en una escultural escalera de madera que baja a un estudio adyacente a la terraza y al jardín. En este nivel, una galería de doble altura conduce al área privada de la casa. Las columnas estructurales que rodean la galería marcan el acceso a los dormitorios que colindan con el jardín lateral de la casa.

En el lado opuesto de la galería, un pasillo a través del estudio conduce al área pública de la casa. La sala y el comedor están contiguos a la terraza y al jardín. Las puertas corredizas de cristal permiten abrir el espacio y conectar el interior con el exterior. Al fondo de la sala se encuentra el bar, tapizado en verde. Este espacio también sirve de acceso a la sala de cine. En todo el perímetro de la casa se propusieron puertas y paredes transparentes para conectar el interior de los espacios con los patios y jardines que rodean la casa.

people seeing
something strange in sky
become excitable and
uncritical
convey
A Universe Not Made for Us

THE
ART
MUSEUM
Art

LOUBOUTIN EXHIBITION

AFFINITIES

PRADA

HUNAN SATÉLITE

ESTADO DE MÉXICO
2022

Hunan Satélite es un restaurante situado en Plaza Satélite. El Parque Plaza Satélite se inauguró en 2020 como proyecto de transformación para convertir un estacionamiento en un centro comercial repleto de restaurantes, servicios y atracciones.

Desde el exterior, el restaurante se presenta como un local reservado que ofrece pocos indicios sobre lo que esconde en su interior. Nuestro objetivo es crear experiencias y atmósferas diferentes a través de la arquitectura, el arte, las plantas y la iluminación de los espacios interiores. La sala principal del restaurante se distribuye alrededor de cuatro *booths* integrados en la arquitectura. Tres lámparas esculturales hacen referencia a diseños de antiguos trajes chinos y marcan el centro del espacio. En la terraza, la selección de materiales, plantas y lámparas colgantes refleja el elegante estilo establecido en Hunan Reforma, el primer restaurante del Grupo Hunan abierto en 1993.

El mobiliario y la iluminación juegan un papel importante en el diseño de espacios interiores, especialmente en los restaurantes, ya que cada tipología aporta una experiencia distinta, incluso dentro de la misma área. Otro factor que influye en la creación experiencial del restaurante es el énfasis en la integración artística. Los murales de Leo Marz y K de Kilo, así como las pinturas de Teresa Cuaik, añaden valor a la arquitectura interior. Hunan Satélite es un proyecto arquitectónico integral que invita a vivir diversas experiencias relacionadas con la cocina tradicional china, el arte y el diseño contemporáneo.

PARQUE VÍA

CIUDAD DE MÉXICO
2022

Parque Vía es un edificio residencial ubicado a un costado de Paseo de la Reforma en Lomas de Chapultepec. El edificio se caracteriza por un estilo clásico, que se refleja tanto en la arquitectura como en el diseño interior de sus espacios.

La fachada está separada de la casa por un patio vehicular. Dos volúmenes sólidos están conectados a través de otro volumen que funciona como vestíbulo.

El vestíbulo es un espacio de doble altura que sirve de punto de conexión entre la casa y la distribución de sus áreas, facilitada a través de una escalera escultural. La recepción está diseñada como una sala totalmente blanca, que sirve de transición entre el exterior y las estancias interiores de la casa. La escalera escultural, los materiales, el mobiliario y la selección de obras de arte se adhieren todas a este concepto.

La distribución del diseño es bastante sencilla: en la planta baja se encuentran espacios públicos como la sala, el comedor y la cocina; en el lado opuesto, también en la planta baja, hay una sala de estar y una terraza cubierta.

Estos espacios están rodeados de patios exteriores que desembocan a un jardín en la parte trasera de la propiedad. El área privada se sitúa en la planta superior. Desde el jardín, la intersección de los dos volúmenes sólidos es evidente, resaltada por el espacio del vestíbulo con su fachada de ventanas de doble altura.

Como coleccionista de arte, el cliente necesitaba espacios para mostrar su colección. El resultado fue una serie de habitaciones diferentes, cada una con su carácter específico, colores, materiales, muebles y piezas de arte únicos.

CIGARS

PROSECCO SATÉLITE

ESTADO DE MÉXICO
2022

El diseño de Prosecco Satélite pretende reproducir, por cuarta vez, el concepto de restaurante italiano del Grupo Hunan a través de la arquitectura, el diseño, el mobiliario y el arte.

Al igual que los demás restaurantes italianos del Grupo Hunan, Prosecco se compone de dos grandes espacios: la sala principal y la terraza. La cocina abierta y el horno a la vista son elementos emblemáticos de la cocina italiana.

La distribución de la sala principal del restaurante se extiende de afuera hacia dentro, con elementos destacados en todo el perímetro, como la barra, la cocina abierta y dos *booths* empotrados, dejando el centro libre para mesas de tipo convencional. En la terraza se logró una disposición similar, con el bar y la cava de vinos colocados en los extremos laterales.

La simetría dictó tanto la disposición como la distribución de los espacios. Los *booths* de la sala principal y el bar de la terraza funcionan como puntos focales, creando ambientes o escenas de vida.

La selección de materiales, la iluminación y las obras de arte crean distintas atmósferas dentro del mismo espacio. La madera oscura domina el suelo y las paredes de la sala principal, creando una sensación de calidez. En la terraza, el arte y las plantas contribuyen a crear un ambiente más fresco.

Piztola fue el responsable del diseño y la producción del mobiliario, el cual incluye sillas tanto para la sala principal como para la terraza, bancos de bar, *booths* empotrados y una lámpara suspendida hecha de latón y ratán.

LAMPUGA

CIUDAD DE MÉXICO
2022

El diseño de Lampuga inicia con la renovación de una casa antigua ubicada en Polanco. El concepto se inspiró en el ambiente natural de la costa y del mar. Se buscaron diversos elementos relacionados con las mareas, las olas y la pesca, los cuales se tradujeron en espacios frescos y acogedores. El diseño de este restaurante, desde su conceptualización hasta la selección de materiales, rinde homenaje a estos paisajes naturales.

La entrada principal está guiada por un pasillo revestido con piso de barro, macetas y plantas, que enmarcan el camino y culminan en un vestíbulo enmarcado por un arco de madera y una pintura abstracta en rojo. La sala principal consta de un pórtico y una terraza cubierta donde se pueden admirar las estructuras de piedra originales de la casa.

La cocina abierta y las estaciones de servicio involucran a los comensales en una dinámica característica de los restaurantes del Grupo Hunan, creando experiencias en las que el cliente se convierte en parte esencial del espacio.

Otro espacio distintivo del restaurante es el bar, que conduce al patio de la casa, a su vez cerrado por altos muros verdes que muestran la fachada trasera de la casa. Esta nueva versión de Lampuga anima el segundo nivel de la casa con un *speakeasy*, un bar y dos salas privadas. El *speakeasy* hace referencia al estilo de vida de mediados de siglo, con muebles y decoración que recuerdan los restaurantes y bares de la serie de televisión *Mad Men*. En el bar, el centro de atención es la barra con su estructura circular, situada bajo una bola de espejos clásica de los años setenta y rodeada de paredes de espejo que amplían el espacio. Una instalación de Superflex titulada *There are other fish in the sea* se alza frente al bar, sobre los *booths* de piel.

STEVE McCURRY ANIMALS
VINCENT VAN GOGH

ART BOOK

THERE ARE
SEA

OTHER FISH IN THE SEA

9º

CIUDAD DE MÉXICO
2023

Ubicado dentro del club de golf residencial más exclusivo del poniente de Ciudad de México, el departamento 9° presenta tonos neutros, materiales naturales y diversas texturas, apegándose a un concepto de "lienzo en blanco", que crea un ambiente monocromático y ligero. Los muebles y accesorios de color aportan equilibrio y contraste.

El vestíbulo de entrada sirve de pasaje hacia el interior y está diseñado para que los ocupantes perciban un espacio reducido al principio, para luego sentir la amplitud del espacio al entrar en un largo pasillo que conecta las áreas públicas y privadas del departamento. Este pasillo culmina en un gran espejo que amplía visualmente el espacio. El comedor y la sala son puntos focales, diseñados como espacios elegantes y al mismo tiempo acogedores para las reuniones familiares. El diseño minimalista enfatiza la sencillez a través de elementos detallados como zoclos separados de los muros y discretas entrecalles que van de muro a techo. Una característica sobresaliente es la chimenea de mármol blanco que se extiende desde la sala hasta el comedor y sirve al mismo tiempo como mueble fijo.

La selección del mobiliario fue crucial y estuvo influida por los orígenes nórdicos del cliente. Se eligieron piezas de alta gama de marcas como Gubi, B&B Italia, CB2 y Maxalto. Los elementos diseñados a medida, como una mesa de madera para el comedor y taburetes de mármol blanco, se fabricaron en colaboración con artesanos locales. Las persianas de tela difunden suavemente la luz natural, creando un ambiente único. Grandes puertas conducen a un estudio y a una terraza cubierta, ofreciendo vistas enmarcadas de bosques y campos de golf.

En las áreas privadas, el pasillo principal comunica la sala familiar con los dormitorios. La continuidad del diseño se mantiene a través de detalles como la iluminación atenuada, los lavabos flotantes y la iluminación integrada a la carpintería en vestidores y baños, características distintivas de los proyectos de Cuaik | CDS.

The Japanese Garden

EIGHT HOMES CLEMENTS DESIGN
wonderland
wonderland
annie leibovitz

CLUB DE GOLF

CIUDAD DE MÉXICO
2023

Club de Golf es un refinado proyecto en Ciudad de México que destila elegancia y sofisticación a través de todos sus interiores y mobiliario. El departamento sirve de lienzo artístico, con obras de arte cuidadosamente seleccionadas que llaman la atención y dictan la disposición y simetría dentro de los espacios. Destacan un cuadro de Aythamy Armas sobre la chimenea y una escultura de Aldo Chaparro en el pasillo, las cuales realzan la armonía visual y sirven de puntos focales.
Un rasgo distintivo del proyecto es el hábil uso de la madera de tonos suaves para pisos, paredes, carpintería y techos, que proporciona un ambiente coherente y cálido. La armonía de la madera se complementa con el uso selectivo de colores en áreas específicas, como el azul intenso de la cava de vinos y el verde retro del bar, la sala de cine, el baño y la habitación secundaria, que añaden profundidad y carácter.

Un elemento sobresaliente es el lavabo, una pieza monolítica hecha de exquisito mármol colocada dentro de un arco de mármol iluminado, resaltando la belleza inherente del material. El área del bar, con sus tonos verdes retro, evoca una sensación de nostalgia. Una excelente estantería con espejos y una barra de mármol, combinados con bancos de madera circulares, realzan la estética del espacio.

La sala de cine y la sala familiar comparten el espacio, con delicados acentos verdes en el techo que definen las áreas y una cautivadora cúpula rectangular de madera en la sala de cine iluminada mediante líneas de luz estratégicamente colocadas.

Club de Golf es un proyecto meticulosamente elaborado, que celebra el encanto intrínseco de la madera bajo la luz natural y la transformación dinámica que conlleva. Las piezas de arte seleccionadas contrastan espléndidamente con los elementos de madera y de color verde, creando una sinfonía de texturas y tonos.

THE IMPOSSIBLE COLLECTION OF WINE
THE IMPOSSIBLE COLLECTION OF CIGARS
IMAGINARIA
¡VÁMONOS!
¡VÁMONOS!
ART FLYING

MANOLO BLAHNIK
WELLINGTON
¡VÁMONOS!

SN

artdeco style
popart style
TURQUOISE COAST
COMPORTA BLISS
FREEDOM
AMERICAN CIVILIZATION
GRAY MALIN
GRAY

México
DECADA
INTERIOR DESIGN
ORIGEN MEXICO
THE ROLLING STONES
VITAL VOICES
TRAVEL BY DESIGN
PAUL STRAND en MEXICO
ZANZIBAR
ITNESS MY JOY

SASU

CIUDAD DE MÉXICO
2024

Sasu, un departamento en Bosques de las Lomas, ejemplifica la perfecta integración de diseño, mobiliario, arte y estilo, mostrando la meticulosa atención al detalle y el enfoque multidisciplinar de Cuaik | CDS.

Al entrar, los visitantes son recibidos por una sorprendente escultura de K de Kilo realizada en madera de árbol de mango, que determina el tono del viaje artístico que les espera. El área pública sirve como el punto central del proyecto y está diseñada para crear espacios acogedores para convivir con amigos y familiares. La carpintería de madera y la iluminación, sello distintivo de la colaboración entre Cuaik CDS y Grupo Cuarit, dan al espacio un carácter y una calidez únicos.

Esta atenta combinación de materiales e iluminación realza el atractivo estético del espacio y fomenta un ambiente acogedor. Diseñamos, estilizamos y seleccionamos meticulosamente el mobiliario para garantizar la armonía en todo el departamento. Para el comedor elegimos la silla Luana de Piztola, incorporando tonos de madera oscura y piel para añadir sofisticación. La sala familiar, sutilmente separada de la sala mediante puertas corredizas, cuenta con la emblemática silla Sylvestre, un diseño distintivo de Piztola.

En las áreas privadas se aplican los mismos principios de diseño, con materiales, colores y texturas variados para adaptarse al usuario principal de cada espacio. K de Kilo creó obras de arte específicamente para este proyecto, apegándose al concepto general de diseño y realzando cada área con piezas realizadas a medida. Sasu es un testimonio del poder del diseño bien planeado y la colaboración artística, que crean un ambiente para vivir armonioso y elegante.

ROBERT DOISNEAU
HELMUT NEWTON
MIAMI BEACH
OB+RA
GREAT ESCAPES MEDITERRANEAN

GISELE
PROVENCE
DUBAI
Renoir
CHIC STAYS
TOMASZ GUDZOWATY CLOSER

GENESIS
BAUHAUS

London
San Francisco
PIANO

London
San Francisco
PIANO

GAMBIT

VAIL, COLORADO
2023

La renovación de este bar anteriormente conocido como Frost Bar, situado en el hotel The Sebastian de Vail Village, tenía como objetivo crear una integración perfecta entre el *lobby* del hotel y el bar. Inspirado en el personaje de ficción Nini Gambit, el diseño buscaba evocar la sensación de una sofisticada cabaña de montaña, mezclando materiales rústicos y una variedad de texturas para crear un ambiente acogedor. El principal cambio fue la adición de una chimenea, que sirve de punto focal y atrae a los huéspedes. Una iluminación cálida y un escenario para música *country* en vivo realzan el ambiente placentero, transformando el bar en un espacio atractivo tanto para los clientes nuevos como para los habituales. Uno de los principales retos fue adaptar los elementos preexistentes, como el *booth* perimetral, al nuevo diseño, respetando el principio de "dejar el espacio mejor de lo que lo encontramos". Era crucial garantizar que las instalaciones y los materiales fueran duraderos y se integraran perfectamente en el contexto existente.

La renovación tenía como objetivo crear un bar tipo cabaña que fomentara la convivencia y al mismo tiempo mantuviera su uso familiar. El nuevo diseño, con elementos cálidos y acogedores, ha aumentado el número de clientes y ha generado interés incluso desde antes de la apertura. La chimenea y la transformada área del bar, con materiales sofisticados y botellas iluminadas, son las atracciones principales, que atraen a los clientes desde el *lobby* y ofrecen oportunidades perfectas para tomarse fotos. El resultado es un espacio funcional y estéticamente agradable, que da la bienvenida tanto a los clientes actuales como a los nuevos visitantes.

al fresco
AT HOME
FROM THE LAND
Pacific Natural At Home
EIGHT HOMES CLEMENTS DESIGN

VILLALAR

MADRID, ESPAÑA
2024

Ubicado en el prestigioso barrio de Salamanca, a unos pasos de la icónica Puerta de Alcalá, el departamento Villalar es una obra maestra de interiorismo que combina diseño, arte y funcionalidad. Este proyecto, concebido con un enfoque curatorial, se despliega en un *hall* de acceso, una amplia área social con sala, comedor, cocina, área de servicio y tres recámaras, cada una con un carácter distintivo gracias a la cuidadosa selección de materiales y detalles.

La esencia clásica del departamento se manifiesta en las carpinterías de roble cepillado con veta blanca, que aportan una textura rica y sofisticada. El latón y la laca al alto brillo elevan el refinamiento de cada espacio y se utilizan para acentuar detalles especiales. El mobiliario italiano, de prestigiosas marcas como Flexform, Cassina, Poltrona Frau, Maxalto y Minotti, confiere un aire de elegancia moderna. En la sala, destaca la icónica Armchair Lounge de Poltrona Frau, mientras que en el *hall*, una mesa diseñada a medida se erige como un elemento central y funcional.

Una amplia selección de libros, curada en colaboración con Ivory Press, abarca temas como historia, viajes, fotografía, arquitectura y deportes, enriqueciendo el espacio con conocimiento y cultura. La importancia del arte se subraya con el uso de tensores ajustables desde la carpintería, permitiendo la flexibilidad en la exhibición de cuadros de diferentes tamaños. El baño de visitas es iluminado por una lámpara de Allied Maker que asemeja a una escultura, aportando un toque artístico y contemporáneo. En la habitación principal, la silla Sylvestre añade comodidad y estilo. Un detalle innovador es el librero abatible que conecta con el departamento vecino.

Villalar es un testimonio de cómo el diseño de interiores puede transformar un espacio en una experiencia estética y funcional, donde cada detalle ha sido considerado para crear un hogar que es tanto un refugio personal como una galería de arte habitable.

CALATRAVA

HELMUT NEWTON
Olafur Eliasson
ALEX KATZ PRINTS
Biblioteca Nacional de España
300 años haciendo historia
BRUCE SPRINGSTEEN
Not Vital
SCARCH
RUSCHA
MATISSE
IGGY POP
THE ROLLING STONES
PIRANESI
GÉNESIS
SECESSIONS
JAPAN

NOBU

CIUDAD DE MÉXICO
2024

La renovación de la terraza de Nobu en Ciudad de México es un testimonio del compromiso del grupo de restaurantes con la elegancia y la exclusividad. Famosa por su impresionante barra y una deslumbrante iluminación, ahora la terraza refleja un sofisticado encanto que realza su singularidad. Este proyecto trasciende la mera mejora del espacio, ofreciendo una experiencia renovada e inmersiva que deleita a los clientes y establece un nuevo estándar para la restauración contemporánea en Ciudad de México.

El principal reto fue llevar a cabo la renovación manteniendo el restaurante en funcionamiento. Para ello fue necesario reubicar las instalaciones y adaptarse a un establecimiento asimétrico con muchos años de servicio. Mediante una planificación meticulosa y un diseño innovador, nos replanteamos la función y la operación del espacio, logrando un perfecto paso de sensaciones del día a la noche. Esta adaptabilidad y dinamismo son elementos clave de la filosofía de Nobu, que garantizan que la experiencia gastronómica siga siendo interesante y fresca a todas horas.

La renovación también adopta principios de sostenibilidad en su diseño, centrándose en la longevidad y la reducción del mantenimiento. Cada elemento del diseño se eligió no solo por su atractivo estético, sino también por su durabilidad. Esta cuidadosa consideración se alinea a la visión de Nobu de crear espacios que sean lujosos y al mismo tiempo responsables con el ambiente.

En general, la terraza rediseñada de Nobu en Ciudad de México es más que una remodelación estética: es la encarnación del compromiso del restaurante en ofrecer un ambiente gastronómico sin igual. El resultado es un espacio que no solo es bello y funcional, sino que también refleja los principios de Nobu.

NESPRESSO

NESPRESSO

PÍA

CIUDAD DE MÉXICO
2024

La remodelación de esta residencia en Bosques de Santa Fe destaca por su diseño contemporáneo y mejora de iluminación. La casa de dos niveles distingue claramente entre áreas públicas y privadas. Al ingresar, una obra de Alex Katz en un vestíbulo revestido de madera da la bienvenida, mientras una escalera en un espacio de doble altura, iluminado por un domo, conecta ambos niveles.

El proyecto abarcó vestíbulo y escalera, sala-comedor, cocina, recámaras y áreas familiares. Se buscó actualizar la estética y mejorar la iluminación, afectada por la orientación original de la casa. La propuesta se centró en renovar acabados y reconfigurar espacios. Se eligieron tonos claros, telas y tapices para aportar calidez y texturas en los muros para un ambiente acogedor.

La carpintería oscura fue reemplazada por madera de roble natural, y el mármol gris del vestíbulo por piedra Taj Mahal *beige*, aportando luminosidad. Las recámaras infantiles fueron actualizadas a un estilo juvenil. La madera de roble unificó el diseño en toda la casa. La eliminación de cartelas en el vestíbulo integró el comedor y mejoró la entrada de luz. En la sala familiar de planta baja, la madera se sustituyó por laca *beige*, con una nueva modulación de libreros para un look más ligero y contemporáneo.

El vestíbulo y escaleras vieron el cambio del barandal de cristal por uno de madera. En la recámara principal, la reconfiguración optimizó el espacio y mejoró las vistas al jardín. La cocina se renovó con acabados en madera clara y laca *beige*. La propuesta de mobiliario combinó piezas originales retapizadas con nuevos elementos, logrando armonía y manteniendo el estilo contemporáneo de la casa.

DECORATIVE ARTS

DETRÁS DE CÁMARAS

Movitectura

CUAIK

only be understood backwards; but it must be lived forwards
CUAIK
FROM THE LAND
JOSEPH DIRAND Interior

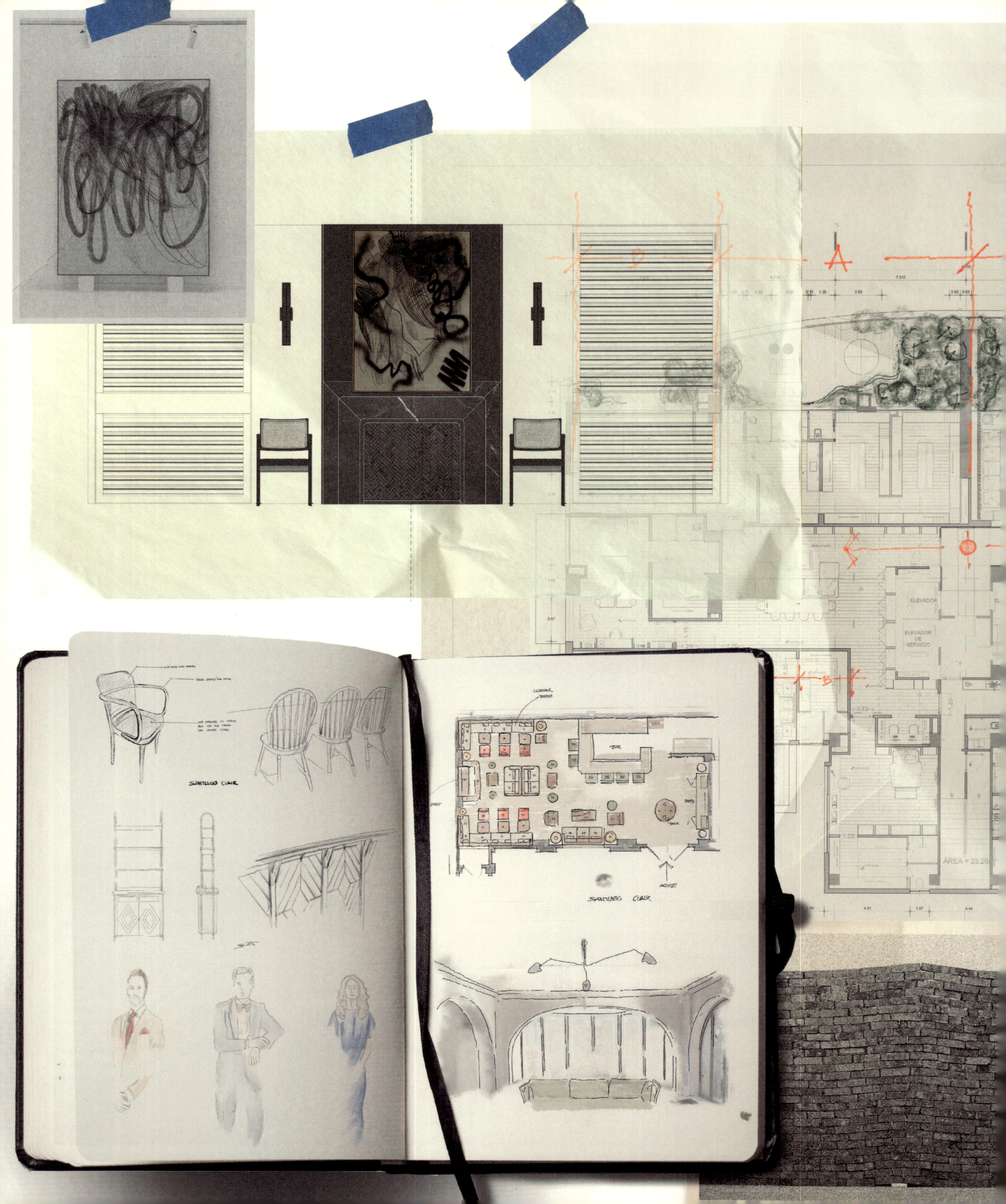
ELEVADOR
ELEVADOR DE SERVICIO

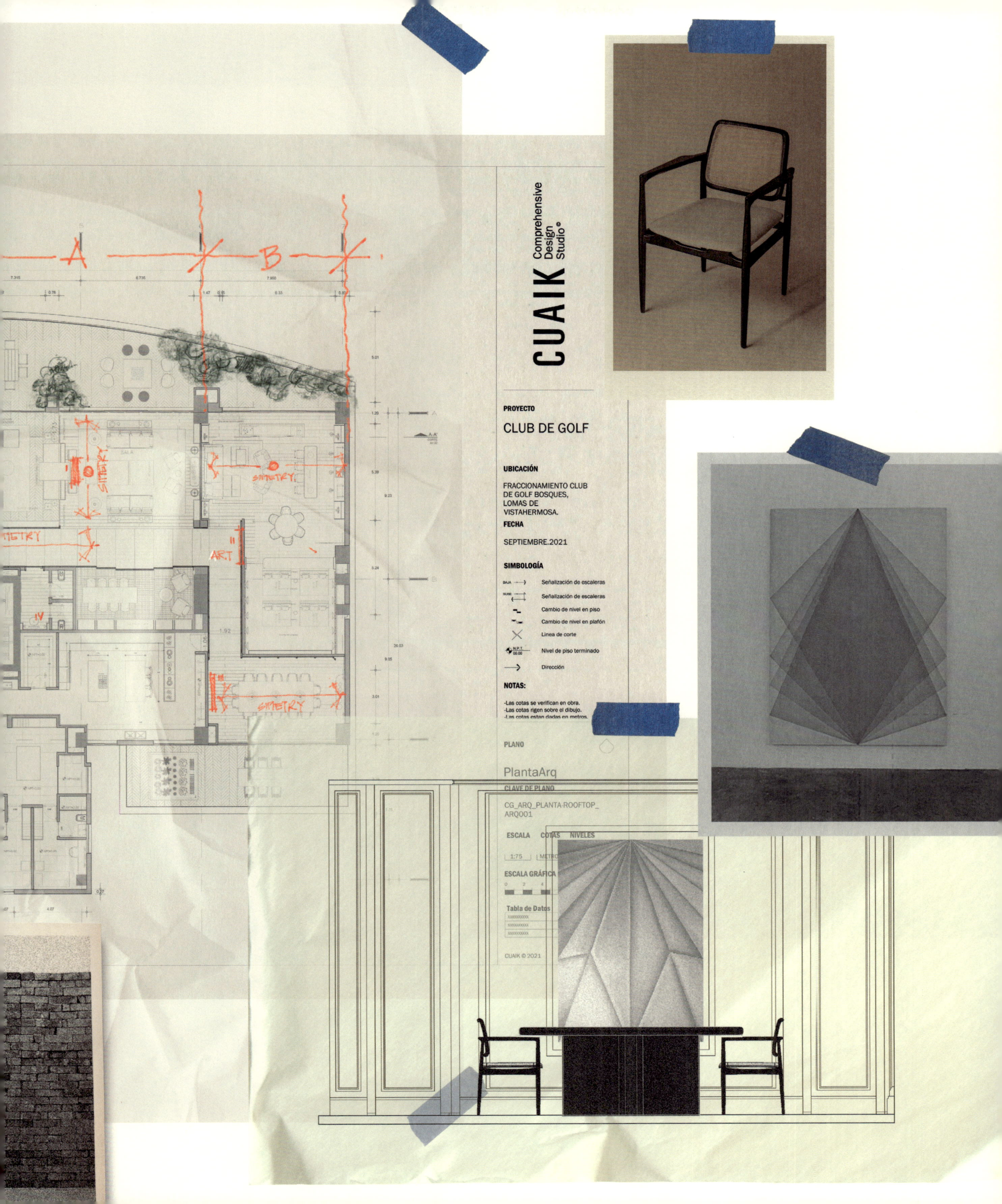
CUAIK
Comprehensive Design Studio®
PROYECTO
CLUB DE GOLF
UBICACIÓN
FRACCIONAMIENTO CLUB DE GOLF BOSQUES, LOMAS DE VISTAHERMOSA.
FECHA
SEPTIEMBRE.2021
SIMBOLOGÍA
Señalización de escaleras
Señalización de escaleras
Cambio de nivel en piso
Cambio de nivel en plafón
Linea de corte
Nivel de piso terminado
Dirección
NOTAS:
-Las cotas se verifican en obra.
-Las cotas rigen sobre el dibujo.
-Las cotas estan dadas en metros.
PLANO
PlantaArq
CLAVE DE PLANO
CG_ARQ_PLANTA-ROOFTOP_ARQ001
ESCALA
NIVELES
1:75
ESCALA GRÁFICA
CUAIK © 2021
A
B
SIMETRY
ART

CONCEPTO GRÁFICO Y DISEÑO
Daniela Rocha

FOTOGRAFÍA
Fernanda Calderón: *Prosecco Santa Fe, Trastevere, Sylvestre Interlomas, Lampuga*
Montserrat Garriga: *Serrano, Sotogrande*
Sofia González: *Prosecco Santa Fe, Trastevere*
Fabián Martínez: *Sierra Fría, Cuaik | CDS Studio*
Fernando Marroquín: *Vista, 9°, Club de Golf, Pía*
Shawn O'Connor: *Gambit*
Celia Rojo: *Portada, Pent Garden, Capulines, Parque Vía*
Mariola Soberón: *Sasu, Villalar*
Zaickz Moz: *Contraportada, Hunan Artz, Negroni Artz, Sylvestre Artz, Trastevere, Sylvestre Interlomas, Hunan Satélite, Prosecco Satélite, Lampuga, Nobu, Cuaik | CDS Studio*

TEXTOS
Cuaik
Annuska Angulo

TRADUCCIÓN
Raquel de Leon
Language Consulting Congressi – Milán

Distribuido por Rizzoli International Publications Inc.
49 West 27th Street
Nueva York, NY 10010, Estados Unidos.
www.rizzoliusa.com

ISBN: 978-88-918427-2-5

Impreso en Italia
2025 2026 2027 2028 / 10 9 8 7 6 5 4 3 2 1

Visítanos en línea:
Instagram.com/RizzoliBooks
Facebook.com/RizzoliNewYork
X: @Rizzoli_Books
Youtube.com/user/RizzoliNY

AGRADECIMIENTOS

A Ximena, Santiago, Tomás y Emilia. A mis papás, a Pepe, Diego y Tere, gracias por compartir este viaje conmigo.

A Rizzoli, por ayudarnos a llevar nuestro trabajo cada vez más lejos y por su compromiso con las grandes historias. A Alfonso López Baz, mentor y amigo, por apoyarme a lo largo de mi carrera y por creer en mi trabajo. A Jorge Méndez Blake, por mostrarnos que la arquitectura y el arte están más cerca de lo que imaginamos.

A nuestros clientes, cuya visión y confianza han sido fundamentales para hacer realidad cada uno de nuestros proyectos. Este libro también es un tributo a ustedes, quienes han hecho posible que nuestro trabajo cobre vida.

A los galeristas y artistas con quienes hemos colaborado a lo largo de los años: este libro es un reflejo de esas colaboraciones multidisciplinarias que enriquecen nuestro proceso creativo.

Y a todos los miembros del equipo, a quienes han estado desde el principio, a los que siguen siendo parte, y también aquellos que han emprendido su propio camino, quiero agradecerles por ser parte de esta historia.

Alejandro Azcue
Katherine Von Berner
Jimena Orvañanos
Javier Vega
Pablo Herrera
Samantha Ortiz Barajas
Amadeo Muñoz
Ezequiel Grande
Guadalupe Vargas
Lorea Domínguez
Rodrigo Pérez de Olavarría
María Zamudio
Mauricio Curiel
Alejandra Rojo
Diego Vázquez
Daniela García
Paulina Afif
Nina Franke
Alexandra Klein
Ana Paula Wiechers
Fernanda Salinas
Patricio Molina
Karla Behnsen
Martha Genda
Emilio Muniello
Andrea Victoria
Anet Carmona
Valeria Zamora
Jhan Carlo Chavarría
Victor Juárez
Andrea Castro
Jimena Quintana
Joana Contreras
Santiago Pérez de Olavarría
Ana Martín de Castro
Jimena Cañedo
Germán López Moreno
Fabián Quintanar
Miguel Rocha
Alejandra Fuentes
Alejandro Rangel
Viridiana Jaimes
Néstor Pinillos
Tanya Sánchez
José Antonio Navarro
Pamela Zepeda
Santiago Ruiz
Alberto Páez
Jorge Hernández
Samuel Zúñiga
Ageo Pinillos
Natanael Pinillos
Rebeca León Hernández
Ángela Gutiérrez
Julio César Cruz
David Romano
Eduardo Balbuena
Rosa Marín
Marcos Sanjuan
César Zuno
Silvia Hernández
Arantza Sánchez
Gabriela López
Pilar López
Alberto Martínez
Alfredo Martínez
Andrea Martínez
Alejandra Suárez
Andrea Rojo
Nicte Ha Loya
Ozwaldo Zaldivar
Juan Carlos Gámiz
Ana González
Camila Carriles
Inés Velasco
Cecile Domenge
Begoña Vélez
Clara Gil
Fernando Valdés
Luis Miguel Álvarez
Cecilia Ariza
Natalia Mendoza
Fernanda Ayala
Michelle Mussalem
Juan Carlos Merino
Manuel García
Martha Montalvo
Monica Rivera Torres
Valeria Rueda
Andrea Acosta
Ximena Sánchez
José Angel Jaimes
Enrique Santillán
Miguel Ángel Nava
Eduardo Valencia
Sofía Morales
Rogelio González
Alam Ramírez
Rodrigo Núñez
Karla Martínez
Luz María Jiménez
José Manuel García
Ulises Vázquez
Adriana Nava
Martín Cruz
Miguel Ariza
Carlos Rosales
Patricia Cervantes

"Life can only be understood backwards; but it must be lived forwards